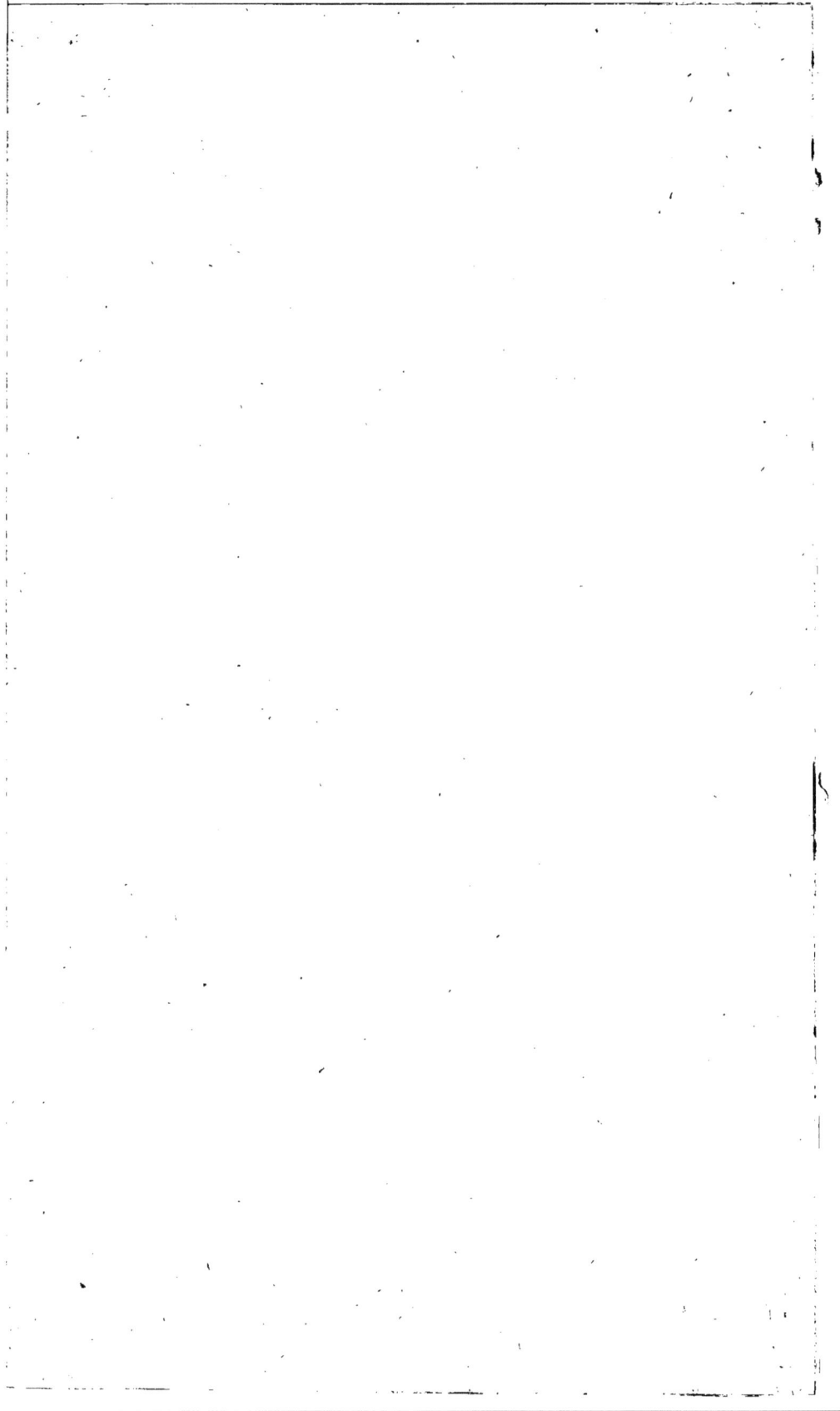

$L K^{7} 16$

LETTRES INÉDITES

DE

LOUIS XI.

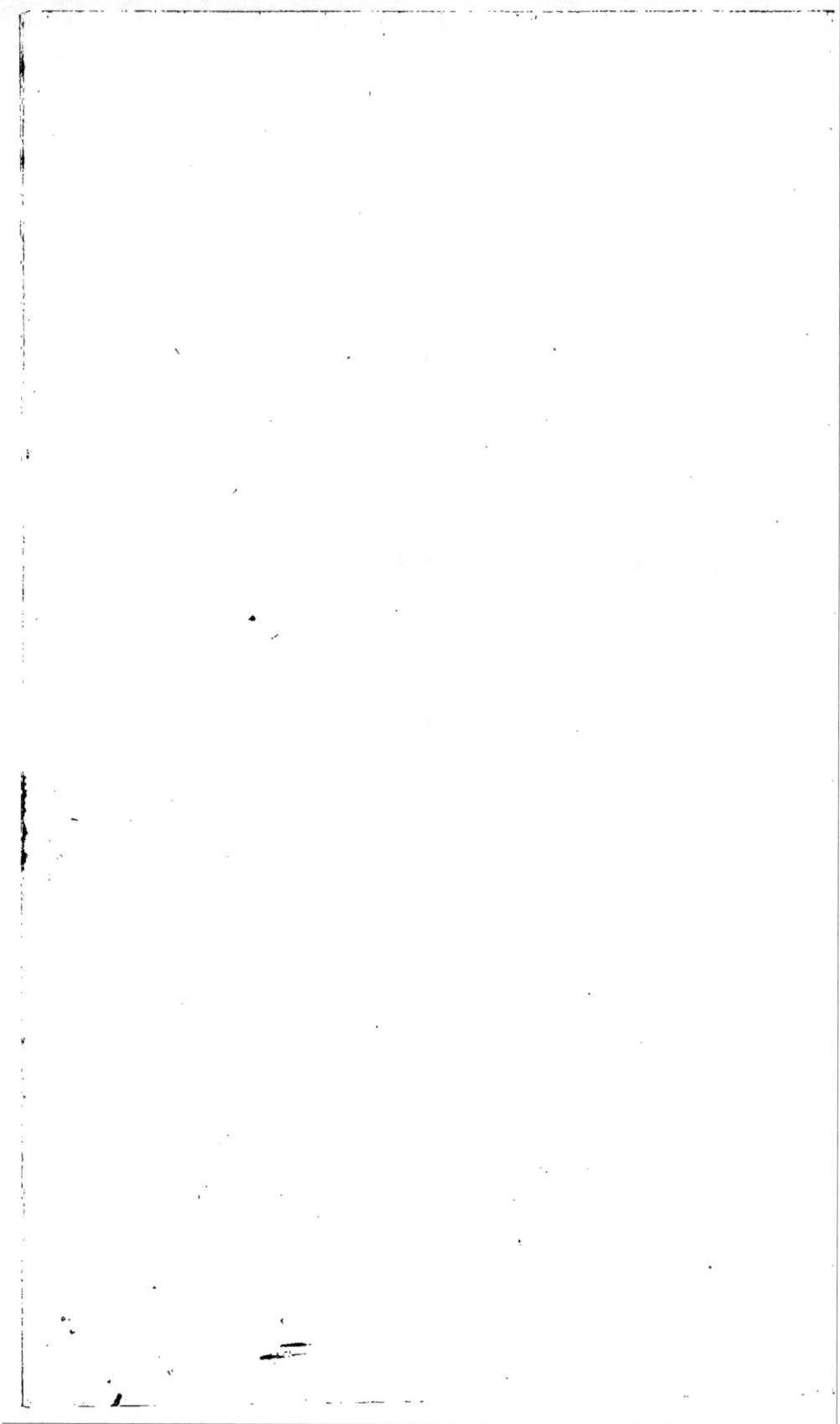

LETTRES

ET

BULLETINS

DES

ARMÉES DE LOUIS XI,

ADRESSÉS

AUX OFFICIERS MUNICIPAUX D'ABBEVILLE,

AVEC DES ÉCLAIRCISSEMENS ET DES NOTES.

ABBEVILLE,

IMPRIMERIE DE A. BOULANGER.

—

1837.

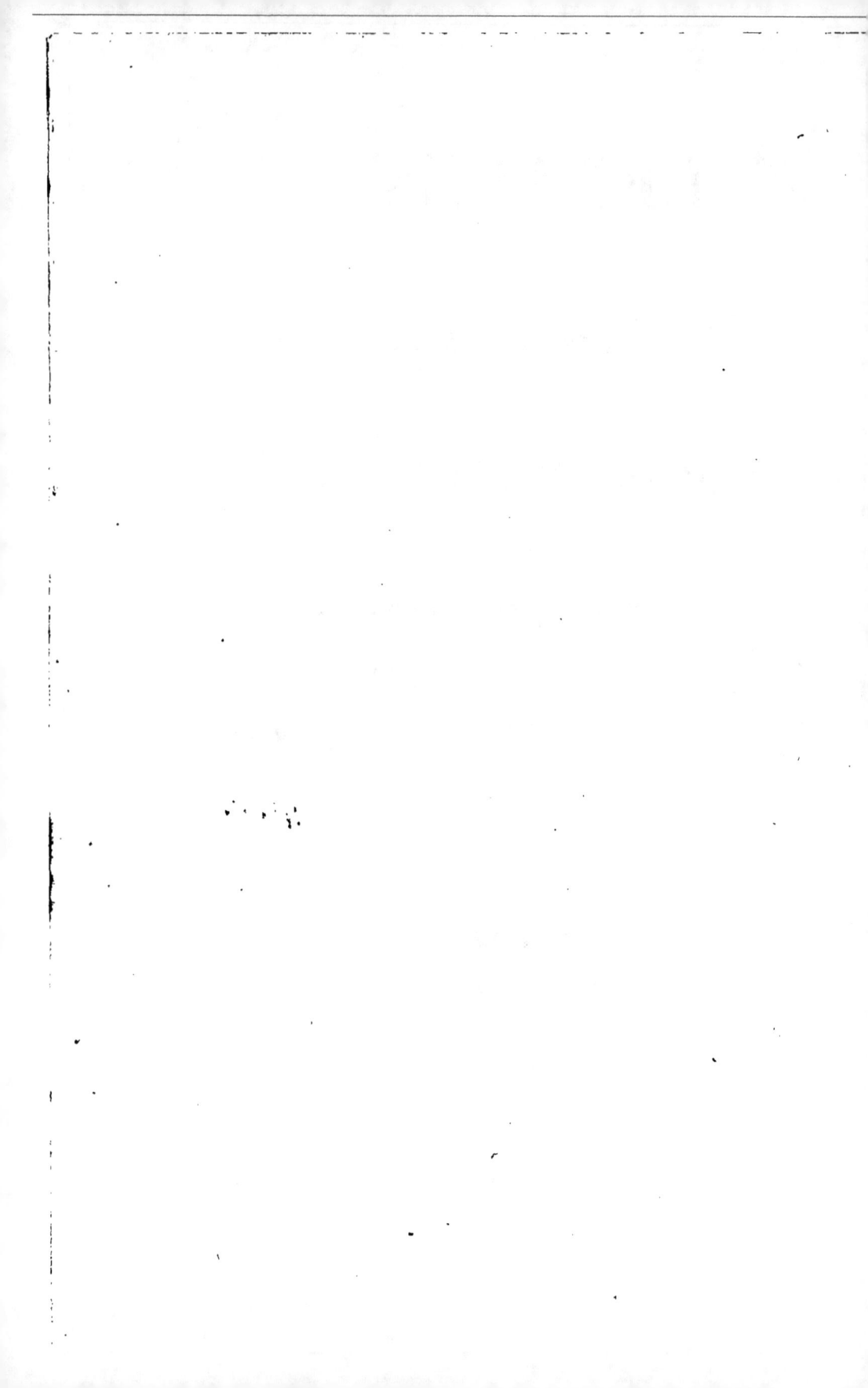

LETTRES

ET

BULLETINS DES ARMÉES DE LOUIS XI,

ADRESSÉS

AUX OFFICIERS MUNICIPAUX D'ABBEVILLE,

AVEC DES ÉCLAIRCISSEMENS ET DES NOTES.

Le duc de Bretagne venait de se déclarer ouvertement l'ennemi de Louis XI, et de former contre lui une redoutable coalition connue sous le nom de *ligue du bien public;* mais le bien public n'était qu'un prétexte spécieux, et les chefs des confédérés n'avaient d'autre but que de déposer le roi pour donner la couronne à son frère, Charles duc de Berri.

L'insurrection avait éclaté sur plusieurs points; Louis s'était rendu dans le Berri et dans le Bourbonnais pour la combattre, lorsqu'il apprit que le plus puissant de tous les princes coalisés, le Comte de Charolais, venait d'entrer à Saint-

Denis, et menaçait sa capitale. Il se hâte d'envoyer des ordres pour qu'on y fasse bonne résistance, et bientôt il se met en marche pour la défendre en personne, à la tête d'une armée de vingt-cinq mille hommes. Le 16 juillet 1465, il rencontra dans la plaine de Monthléri les Bourguignons, que les Parisiens avaient repoussés à différentes reprises et qui marchaient au-devant de leur allié, le duc de Bretagne. Louis XI ne voulait pas les attaquer, car son principal but était d'arriver à Paris ; mais le grand sénéchal de Normandie, Pierre de Brézé, le pressa de combattre et la bataille eut lieu le même jour.

Avant de parler de cet événement, l'un des plus mémorables de son règne, il convient de rappeler ici qu'Abbeville et toutes les places situées sur les deux rives de la Somme avaient été, en 1435, cédées par Charles VII à Philippe le Bon duc de Bourgogne, avec la faculté pour Charles ou pour ses successeurs de les racheter moyennant quatre cent mille écus d'or. Louis XI, depuis deux ans seulement, avait acquis ces places en dépit du comte de Charolais, qui ne combattait que pour saisir l'occasion de les reprendre.

La maison de Bourgogne avait donc tenu pendant vingt-huit ans la Picardie sous son sceptre ; elle y comptait des partisans, puisque cette province n'avait opposé que de faibles obstacles à l'héritier de Philippe le Bon pendant sa marche sur Paris. « Tout au long du chemin, dit Comines, ne faisoit ledit comte nulle guerre ni ne prenoient rien ses gens sans payer. Aussi les villes de la rivière de Somme et toutes autres laissoient entrer ses gens en petit nombre et leur bailloient ce qu'ils vouloient pour leur argent et sembloient qu'ils escoutassent qui seroit le plus fort du roy ou des seigneurs. »

Louis XI n'ignorait pas qu'on n'attendait que l'issue des événemens pour déserter sa cause; mais il sentait la nécessité de conserver Abbeville, et le lendemain même de la bataille de Monthléri, il écrivit la lettre suivante aux habitans de cette place si utile à la défense de son royaume.

De par le Roy.

Chiers et bien amez. hier environ deux heures aprez disner. estans le comtes de Charolois et de Saint Pol a los des leurs. le bastart de Bourgogne et tous leurs gens en bataille amprez Mont Tlhery fortifficz de leurs charrois fossez Ribaudequins et aultre grosse artillerie feusmes conseillez de les assaillir et combatre et ainsi fut fait et graces a Dieu eusmes du meilleur et fut la victoire pour nous et par deux ou trois foiz senfouyrent le dit conte de Charolois et la plus part de ses gens et le dit conte de Saint Pol et desquelz ont este destroussez que mors que prins depuis la bataille qui sen fouyrent bien deux mille et entre autres le sire d'Esmeries et le sire de Haplaincourt eut este prins et en y a encoires pluiseurs qui sen sont fouys. lesquelz on poursuit et desia en ont este amenez pluiseurs en ceste ville de Corbeil. et entant que touche le principal de la bataille il en est mort de leurs gens dix contre ung des nostres ainsi qu'il a este trouve et en y a eu de xiiii à xv c mors de leur part et de deux a trois cens prisonniers. dont il en y a des gens de bien beaucoup et comme avons sceu le bastart de Bourgongne est tue. et oultre nous a este rapporte que les susdit conte de Charolois et de Saint-Pol ont este griesment blechez et demourasmes au champ jusques a soleil couchant. et environ soleil couchant que le champ nous estoit demoure. nous retraismes et veinsmes en ceste dite ville de Corbeil et toute nostre armee avec nous excepte aucuns qui cuidoient les choses autrement estre et a ceste cause sen sont retraiz en plusieurs lieux. lesquelles choses vous voulons bien seigniffier affin que en puissiez rendre graces a nostre Seigneur. Donne a Corbeil le xviie jour de juillet. (1465)   Signé : Loys.

Au dos est écrit : *A nos chers et bien amez les maieur et eschevins bourgoys manans et habitans de nostre ville d'Abbeville* (1).

Cette lettre, écrite par un des secrétaires du roi et revêtue de sa signature est trop empreinte de dissimulation pour qu'on puisse croire qu'il ne l'ait pas dictée. Il nous semble que son extrême défiance ne lui aurait pas d'ailleurs permis de laisser à d'autres le soin de faire connaître un événement si grave (2). Le jour de la ba-

---

(1) ARCHIVES DE LA VILLE, liasse intitulée : *lettres et ordres concernant les guerres*, 1441-1659. Nous avons scrupuleusement conservé l'orthographe et la ponctuation de chaque lettre.

(2) décidé à ne croire personne et à faire tout par lui-même, Louis XI employait, dans ses courses fréquentes à travers les provinces, jusqu'aux prêtres de village à écrire des lettres qu'il leur dictait sur les affaires d'état. Voy. Sismondi, *hist. des Français*, tom. 14.

taille il se crut vaincu ; le lendemain il s'attribua
la victoire. Il eût été impolitique d'avouer une
défaite, mais quelle ambiguité dans ce bulletin
mensonger ! Les Bourguignons, dit Louis XI,
se sont enfuis à différentes reprises ; ils ont perdu
dix fois plus de monde que lui ; rien ne paraît
manquer à son triomphe ; mais quand Louis XI
disait tout cela, Louis XI mentait, car l'affaire
de Montlhéri ne décida rien, et le fait est que
la perte fut à peu près égale des deux côtés (1).
On peut même dire qu'il fut battu, puisque ses
ennemis eurent le champ de bataille. Le grand
sénéchal de Normandie, Pierre de Brézé, avait
été tué au commencement de l'action (2); la lettre
ne le dit pas. Le centre de l'armée française fut
enfoncé et sa déroute complète, ce qui n'em-
pêche pas Louis XI d'affirmer qu'il est arrivé à
Corbeil avec toute son armée, *excepté aucuns
qui cuidoient les choses autrement estre, et qui
sen sont retraiz en plusieurs lieux.* Avec quel

---

(1) « Et feurent les morts estimés, tant d'ung costé que d'autre, de
trois à quatre mille demourés morts en la place ; et ne peut on
oncques scavoir duquel costé il en mourut le plus, car sitost qu'ils
estoient abattus ou morts ils estoient dépouilliés tout nuds ; et par
ce ne pooit-on cognoistre de quel costé ils estoient. »
Mém. de J. Duclercq. Livre v, chap. xxxv.

(2) Ce guerrier renommé par son esprit et son audace avait
écrit aux échevins d'Abbeville, en 1453, l'importante dépêche que
voici: « Tres chiers et tres espaulx amis. Je me recommande à
vous tant que je puis. Au soir vindrent nouvelles de devers le roy
par lesquelles len nous escript que mardy derrain passe le sire de
Talebot vint avecques eulx pour combatre tant Anglois que Guyen
nois sur nos gens tenant le siege de Castillon a bannieres des-

art le rusé monarque ne glisse-t-il pas sur une aussi lâche désertion que celle du comte du Maine et de l'amiral de Montauban qui s'étaient enfuis entraînant avec eux près de huit mille hommes! il est vrai qu'une partie de l'armée des Bourguignons ne s'était pas montrée plus brave et qu'elle avait aussi lâché le pied comme il le dit. Le comte de Charolais, impétueux et téméraire, avait été réellement blessé; mais le roi le fut également, et eut un cheval tué sous lui par ce même bâtard de Bourgogne dont il annonce faussement la mort. Il mentait encore ou il était mal informé en disant que d'Aplaincourt et d'Aimeries avaient été faits prisonniers. Ils firent seulement volte face « et serrant toujours les talons, dit Mézerai, publièrent la défaite du comte de Charolais partout où ils passèrent. » Ils ne furent pris que le lendemain, près de Pont-Sainte-Maxence, et Louis, en écrivant sa lettre, ignorait sans doute encore qu'ils fussent tombés au pouvoir de ses troupes.

---

ployees entre lesquelles estoient celles de Saint-Georges, du roy d'Angleterre, de Talebot et de plusieurs autres, et combattirent longuement nous en vain, et en effect saillirent nos gens sur eulx a pie et les desconfirent en laquelle desconfiture est mort le dit Talebot et son filz prisonnier, et tout le surplus des autres seigneurs tant anglois que ŝuyennois mors et prins. Et pour ce que j'estay certain que serez bien joyeulx de ces nouvelles, je vous envoye ce porteur messager. Et si vous voulez chose que je puisse, faites le moy savoir et je l'accomplirai de tres bon cuer priant nostre Seigneur qu'il vous donne bonne vie et longue. Escript à Rouen lundy matin xxiii jour de juillet.

Le tout vostre BRÉZÉ.

On a dit qu'il s'était retiré du champ de
bataille l'esprit agité des plus cruelles inquié-
tudes, et ne pouvant envisager sans frémir
l'embarras de sa position (1). La lettre que
nous venons de transcrire atteste qu'il conservait
encore le calme et la présence d'esprit qu'il
avait su montrer pendant le combat, ou du
moins que s'il était troublé, il était encore assez
maître de lui pour dissimuler avec adresse.

La bataille de Monthléri, qui pouvait décider
du salut de la monarchie et de la fortune du roi
si l'armée Bourguignonne avait commis moins de
fautes et combattu avec plus d'ordre, fut an-
noncée le même jour aux officiers municipaux
d'Abbeville par un ministre de Louis XI, Pierre
de Morvilliers, qui avait séjourné dans cette
ville peu de temps auparavant (2). Voici la lettre
de ce ministre.

Tres chers et espaulx amis je me recommande a vous.
pour ce que je scay que estes desirans de scavoir des
nouvelles et de la bonne prosperite du roy il est vray
a deux heures apres midi de ce jour sont venues a
Paris certaines nouvelles que le roy a toute son armee
au dessoubz de Montlhery a frape sur Monsr. de

---

(1) Villaret, *histoire de France*, tom. 17, p. 96.

(2) Ce fut en sa présence que le corps municipal d'Abbeville,
qu'il avait fait convoquer à cet effet, entendit la lecture des lettres
par lesquelles le roi nommait Torcy sénéchal de Ponthieu et
capitaine d'Abbeville en remplacement du sire d'Auxi. (*Comptes
des argentiers de la ville*, année 1465. Voy. aussi *l'histoire des
chanceliers*, par François du Chesne, p. 497.)

Charoloys et toute sa compaignie. et les a tous mis en fuyte et à mort. et tellement que nouvelles sont venues hastives que mondit seigneur de Charoloys estoit prins et mons^r. de Saint Pol navre et prins et l'un de ses enfans mort en la place. et que tous se sont mis en fuyte et en desroy et qu'il soit vray ma femme ma escript de Paris et envoye ung de mes serviteurs a moy par lequel elle me fait savoir ce que dit est et quelle a veu en la rue Saint Anthoine ou elle estoit aux fenestres pour oyr des nouvelles xxv ou xxx desdits Bourguignons amenez tous piez et poings liez et ont este poursuis dudit lieu de Montlhery jusques a Saint Denis. et oultre jespoire demain savoir toutes nouvelles lesquelles incontinent je vous feray savoir a l'aide de nostre Seigneur qui vous ait en sa garde. escript a Ponthoise environ xii heures de nuyt ce mardy. en une des eglises de ceste ville ou jay fay rendre graces a Dieu de ladite victoire.

Ainsi signé Votre bon ami, le Chancellier (1).

A mes tres chers et espaulx amis les maieur eschevins et communauté de la ville d'Abbeville.

Dans une autre lettre malheureusement dé-

(1) On voit par les registres des argentiers, que cette lettre parvint le lendemain aux officiers municipaux d'Abbeville, qui firent remettre au messager deux écus d'or. La déroute d'une partie de l'armée des Bourguignons avait fait croire aux Parisiens que le comte de Charolais avait été battu, et Morvilliers annonçait sa défaite de bonne foi. Nous ajouterons que la lettre de Louis XI fut apportée par un nommé Normendie hérault du roi, et qu'on lui fit compter 6 écus pour sa peine. Ce ne fut que postérieurement que Louis multiplia le nombre des courriers qu'il venait d'établir, pour transmettre promptement ses ordres et recevoir des nouvelles. Il n'existait avant lui aucune poste dans le royaume et l'on voit par les registres de l'hôtel-de-ville d'Abbeville que

chirée en partie Louis, XI revient·encore sur la journée de Montlhéri et s'exprime en ces termes :

Chers et bien amez, pour ce que desirez savoir de noz nouvelles et de l'estat et disposition de nostre personne et des matieres de par de ça, nous avons dispose vous escripre la verite de tout afin que soiez informez comment les choses ont este conduites pour en regracier Dieu, et a ce que par faulte de advertissement ne pensiez les choses estre autrement qu'elles ne sont. Il est vray 'que pour ce que avons este advertis que le comte de Charolois, le comte St.-Pol et leurs adherens et complices auroient prins le pont de Saint-Clost et estoient logiez entour de nostre bonne ville et cite de Paris..... desirans donner secours a nostre dite ville nous en sommes venus en toute diligence des marches de dela la riviere de..... Pour lors estions jusques en la ville d'Estampes auquel lieu avons su que lesdits de Charolois et de St.-Pol et leurs adherens estoient partis dudit lieu de St.-Clost et estoient tirez vers Montlhery en entencion de prendre le chemin de la Beausse pour aler joindre avec les Bretons, et a ceste cause tirasmes en toute diligence audit lieu de Montlhery lequel lieu de Montlhery habandonnerent, et se tirerent au champ, et la apres que les batailles furent ordonnees, ordonnasmes frapper dedans lesdits Bourguignons desquels il est mort de XIIII à XV c sur

l'on y recevait des messagers non seulement de la cour de France, mais des mayeurs des villes et de tous les officiers qui avaient besoin de transmettre ou de recueillir quelque avis. La ville de son côté envoyait aussi comme messager pour porter lettres ou dépêches où il en était besoin, un sergent de l'échevinage ou quelque autre habitant.

le champ, et de ɪɪɪ a v c prisonniers, et a la chasse
ont este bien plus de deux mil que mors que pr.ns et
de leurs chevaulx et chariotz gangues en grand nombre.
et de nostre part ny a pas eu que mors que prins cent
cinquante hommes. Vray est que le grand senechal de
Normandie. du quel Dieu vueille avoir l'ame. y a este
tue dont sest graint domaige. et demourasmes ou champ
jusques pres de la nuyt, et apres que eusmes pourveu
au chastel dudit Montlehery nous en veinsmes a Corbeil et de la en ceste nostre ville de Paris pour assembler nos gens qui estoient disperses en divers parties.
Et graces a Dieu...... avons avecques nous de xv à
xvɪ c lances de la grant ordonnance sans nos cousins
le comte de Nevers le comte d'Eu. et les baillis de
Vermandois et de Senlis. le seigneur de Roye. le
Seigneur de Beaumont et autres. qui se sont venuz
joindre avecques nous jusques au nombre de ɪɪɪ c lances et plus et avons pourveu aux villes et passaiges
dessus la riviere de Seine. et au plaisir Dieu pourvuer-
rons si bien a tout le demourant que noz ennemis et
adversaires ne nous porteront aucun inconvenient ne
dommaige. Les quelles choses vous avons bien voulu
signifier et faire scavoir comme a noz bons et loyaulx subjectz afin que en rendiez graces et louange a Dieu. Vous
priant au surplus que vous vueillez tousiours mainte-
nir et garder en vos bonnes loyaultez envers nous ainsi
que en vous en avons nostre confiance. Donne a Paris
le xxvɪɪᵉ. jour de juillet.   Loys.

On voit que l'art des bulletins et leur véracité
datent de loin. *Il n'a pas eu que mors que prins
cent cinquante hommes! vray est que le sénéchal
de Normandie est tué;* mais cette fois il fallait
bien le dire. Cette lettre, écrite avec un ton si
caressant et si patelin, dénote une assurance

qu'il était loin d'avoir, et l'habileté qu'il déployait quand il s'agissait de feindre. Du reste il était d'autant plus urgent pour lui d'écrire cette lettre que le bruit courait alors qu'il avait été tué à Monthléri.

Chiers et bien amez, écrivait-il encore aux magistrats municipaux d'Abbeville, quelque temps avant cette bataille, chiers et bien amez. nous avons sceu que ung nomme Jehan Colles marchant anglois doit venir en marchandise et pour aucuns ses autres affaires en nostre ville d'Abbeville. et pour ce qu'il nous a parcidevant faiz aucuns bons services. et pareillement a nos gens et serviteurs. parquoy desirons fort qu'il soit fauorablement traicte quant il sera par de la. nous voulons et vous mandons que quant il sera arrive en nostre dite ville vous le recevez et lui faites toute la meilleure et plus grant chiere que faire se pourra. en maniere qu'il ait cause de sen louer. et ny faites faulte. car tel est nostre plaisir. Donne a Poitiers le IIIe. jour de mars.

Loys.

Cet étranger, auquel il veut qu'on fasse si bon accueil, était sans doute un de ses espions, et il lui avait remis cette lettre, moins par reconnaissance, tout porte à le croire, que pour se l'attacher plus étroitement, et le déterminer à le servir encore avec plus de zèle.

La mort de Charles le Téméraire offrit au roi l'occasion de s'emparer de ses domaines. Après s'être assuré d'Abbeville, de Montreuil et de plusieurs autres places de Picardie, il entra dans l'Artois et s'empara d'Hesdin. Voici le bulletin de la reddition de cette place.

Chers et bien amez. pour ce que nous estans en nostre ville de Therouenne. avons sceu que aucuns gens de guerre en bien grant nombre estoient mis dedans le chasteau de Hesdin. et s'efforcoient de le tenir en rebellion. et desobeissance. contre nous faisant guerre et hostilite publique. et plusieurs grans maulx et dommaiges audit pays et subjetz. nous desirans obvier aux inconveniens. qui en pourroient arriver. et mettre nos dits pays et subjetz des marches de par de ca. en repos et surete. partismes. incontinent de nostre dite ville de Therouenne et ce mesme jour nous arrivez au dit lieu de Hedin. feismes par nos gens de guerre assieger ledit chasteau. et contre icelluy assortir et tirer notre artillerye. et combien que ledit chasteau comme chacun scet. est une grant forte et tres puissante place et feust bien garnye de gens et d'artillerye. et neantmoins des le lendemain que fusmes arrivez nos dits gens de guerre feurent a combatre main a main. avec eulx. et tellement que graces a Dieu et a la glorieuse Vierge Marye. des ledit jour du lendemain de nostre venue. environ heure de midy. nos gens sont entrez oudit chasteau. et icelluy avons mis en nostre subjection et obeissance. Desquelles choses vous avons bien voulu advertir en vous priant que de vostre part en rendez graces et Jouenge a Dieu et a sa glorieuse mere moyennant layde desquelz. nous avons bien entencion et esperance. de auseurplus en gardant nostre bon droit faire par maniere que tous nos bons et loyaulx subjetz en seront joyeulx et lesdits pays et marches de par de ca demourront en repotz et seurete. Donne a Hedin le viiie. jour d'avril. (1477)

Signé : Loys.

Il avait écrit la veille :

Mayeur et vous eschevins d'Abbeville incontinent
ces lettres veues envoyez ici viii c. ou mille pyonniers
garnys de picz pelles et hoiaux et nous ferons payer
lesdits pionniers. et se tout ne peut venir ensemble
envoyez en ce que vous en pourrez..... et qu'ilz sadres-
sent au general de Normandie. si vous prions et neantmoins chargons bien expressement et sur tout le plaisir
et service que nous desirez faire que en ce ne vueillez
faire faulte car nous en avons hastivement a besoingne.
Donne en la ville de Hesdin le viie. jour d'avril.

Le Sire de Marueil sera demain par de la pour faire
haster à faire aporter des vivres et pour faire preparer
les marchans den apporter.   Loys.

Les mille pionniers n'arrivant pas assez promptement il écrit le 13 :

Chers et bien amez nous avons charge nostre ame
et feal conseiller et chambellan le Sire de Marueil nous
faire finance et amener iii ᵐ pionnyers et en prendre
partie en vostre ville et pour ce que necessairement
nous en avons a besongner nous voulons et vous mandons bien expressement que incontinent ces lettres
veues vous lui en baillez tout le plus grant nombre que
vous pourrez afin qu'il nous les puisse amener en la
plus grant diligence que faire se pourra et n'y faites
faulte sur tant que desirez obeir. Donne en nostre chastel de Hesdin le xiiie. jour d'avril.   Loys.

C'était le seigneur de Mareuil, près d'Abbeville, que Louis XI avait chargé de lui amener
trois mille pionniers et de lui apporter de l'argent.
Les lettres patentes par lesquelles ce monarque

confirme une bulle du pape Paul II, pour le
rétablissement de l'université de Bourges, sont
datées du château de Mareuil (décembre 1463).
Table chronologique des ordonnances, édits, etc.
des rois de France, par Guil. Blanchard, in-
4°. (1).

La même année, Charlotte de Savoye, sa
femme, y résida quelque temps comme on le
voit par un ancien compte de l'Hôtel-de-Ville,
dont la teneur suit :

« A Pierre de Maillefeu, sergent a mache de ladite
ville d'Abbeville.... la Somme de xii solz parisis pour
son sallaire paine et travail d'avoir vacquie par deux

---

(1) Nous croyons devoir donner ici la liste des autres ordonnances promulguées par Louis XI, pendant son séjour à Abbeville
et dans diverses localités des environs.

1°. Lettres de sauve-garde et de protection pour l'abbaye du
Bourg-Dieu, au diocèse de Bourges. *Abbeville,* 27 sept. 1463.

2°. Ordonnance qui autorise les habitans du Marquenterre à
trier ou posséder les journaux de terre par eux *conquestés* sur la
mer, à la charge de payer chaque année au receveur du Ponthieu
douze deniers par journal. *Abbeville* 26 novembre 1463.

— Une lettre du même prince, datée de Bourges, dit qu'il a
fait examiner le cours de la rivière de Maie et qu'il accorde aux
habitans riverains le droit de *molins* et toutes les terres que la
rivière abandonnerait après les travaux qu'on allait faire le long
de son cours.

3°. Lettres de sauve-garde accordées aux habitans de Montreuil-
sur-mer. *Abbeville* 21 novembre 1463.

4°. Concession et transport fait par le roi aux religieux du
Mont Saint Michel en dédommagement de ce qu'ils avaient perdu
dans les dernières guerres contre les anglais. *Abbeville* 29 novembre.

5°. Concessions de foires aux communes de Tricot et de Creve-
cœur. *Abbeville* 22 novembre.

6°. Lettres qui révoquent l'exemption accordée par le roi

jours tant a aller au lieu de Mareul pour illec recevoir
et ordonner plusieurs lits et couvertures que les bourgeois et plusieurs habitans de ceste dite ville avoient
prestez et envoyez audit lieu pour estorer et garnir les
chambres du chastel dudit lieu de Mareul pour le royne
de France qui estoit illec..... » (*Comptes des argentiers
de la ville* , année 1463.

Louis avait pris Hesdin après un siége de
vingt-quatre heures ; il éprouva plus de résistance devant Arras et déclara que lorsqu'il

---

Charles VII aux officiers du roi de payer l'octroi sur les boissons
dans la ville de Tournai. *Abbeville* 29 novembre.

7°. Confirmation des coutumes, libertés et franchises accordées
par le comte de Toulouse, aux habitans de Moncuc. *Abbeville* 30
novembre.

8°. Lettres relatives à l'exercice du droit d'aubaine et de bâtar-
dise dans la ville de Tournai. *Abbeville*, en novembre.

9°. Lettres qui confirment plusieurs prérogatives à l'hôpital de
Rouen, accordées par les prédécesseurs de Louis XI. *Abbeville*,
en novembre.

10°. Confirmation des exemptions accordées par Charles VII,
aux babitans de Meaux. *Abbeville*, décembre.

11°. Déclaration qui prononce une surséance générale pour les
procès nouveaux, mus entre le roi et le duc de Bourgogne, et sus-
cités à l'occasion des limites entre la France et quelques pays
voisins. *Abbeville* 5 novembre 1464.

12°. Don fait par le roi au duc de Milan, de tous les droits qu'il
avait sur Gênes et sur Savone. *Nouvion*, 22 décembre.

13°. Confirmation des priviléges de Louviers, pour l'exemption
de toutes tailles et impôts. *Nouvion*, 23 décembre.

14°. Confirmation des priviléges d'Abbeville. *Au Crotoy*, décembre.

15°. Déclaration contre ceux qui lèvent des subsides pour le pape
dans le royaume. *Dompierre*, le dernier juin 1464.

Nous ajouterons à cette liste une ordonnance datée d'Hesdin
(octobre 1463), portant concession de foires à la commune de
Dompierre, de foires et de marchés à la commune du Pont-Remi.
(*Recueil des ordonnances des rois de France* , tom. 16.

serait maître de cette place, qui se défendait intrépidement, il la ferait détruire. Il y entra le 4 mai 1477, et le 30 juin suivant il écrivait aux magistrats d'Abbeville :

Tres chiers et bien ames. nous vous prions que incontinent ces lettres veues et toutes autres choses arrieres mises vous nous vueillez envoyer le nombre de cinquante bons pionniers et manouvriers garnis chacun de pics pelles et tranches et paiez pour trois sepmaines pour parachever de demolir et abattre les murailles et terres de la ville d'Arras a l'endroit de ceste cite. et les nous envoiez par deux hommes bien entendus et diligens pour les faire besoigner qui auront charge desdits cinquante hommes cest assavoir chacun de xxv et commectez l'un desdits deux ou autre tel que adviserez a faire leur paiement jour par jour car s'ilz estoient paicz tout a une foiz on ne les pourroit tenir. et en ce ne nous veuillez faillir sur tout le plaisir et service que nous desirez faire. Donne a la cite d'Arras le xxxe. jour de juing.   Loys.

Louis XI, après avoir soumis l'Artois, Cambrai, Bouchain et pris d'assaut le Quesnoi, se dirigea sur Avesnes, l'assiégea et ne tarda pas à la réduire. Le jour même qu'il y entra par la brèche il écrivit à sa bonne ville d'Abbeville :

. Tres chiers et bien amez pour ce que congnoissons que desirez bien savoir de nos nouvelles. il est vray que apres que eusmes prins les villes et chastel du Quesnoy le conte en Haynau ou n'arrestasmes que ung seul jour. nous envoyasmes sommer ceulx de la ville d'A-vesnes a ce qu'ilz .la meissent en nostre obeissance. sur quoy il (sic) nous firent requeste que leur voulissons

octroyer terme de six jours d'envoyer devers nostre
cousine et filleulle de Bourgogne pour leur descharge.
ce que a grandes prieres et requestes leur octroyasmes
et pendant ce temps. nous tirasmes a tout partie de
nostre armee devers ladite ville. et incontinent le
terme failly. veu qu'ilz dissimuloient d'eulx mectre en
nostre obeissance mardi au soir environ soleil couchant assiegasmes et approuchasmes ladite ville.
laquelle feismes batre de nostre artillerie. jusques au
landemain environ deux heures apres midi que la
feismes assaillir. et dura l'assault longuement parceque
dedens ladite ville avoit bien deux mille hommes de
guerre. sans les gens de la ville qui estoient bien deux
mille en habillement et en la fin a l'aide de Dieu. et de
nostre dame. la prinsmes d'assault. et ce voyans les
principaulx cappitaines et chiefz de guerre de dedans
cuiderent saillir par une faulce poterne. et culx sauver.
mais l'une partie d'culx furent incontinent prins. et
les autres mors et reboutez dedans ladite ville. tellement qu'il n'en est echappe aucuns. Et pour donner
exemple aux autres avons fait araser ladite ville combien qu'elle fust l'une des plus fortes. et puissans ville de
tout le pais de Haynau. Si vous signiffions ces choses.
affin que de vostre part vous en rendez graces et louenges a Dieu et a la tres glorieuse Vierge Marie. ainsi
que faire devez. Et suymes bien deliberez de vous sou-
vent advertir et faire savoir de noz nouvelles. Donne a
Estreu la Chaussee le xiie. jour de juing. (1477)

*A noz tres chiers et amez les gens d'église, nobles, mayeur, esche-
vins, bourgois et habitans de nostre bonne ville d'Abbeville.*

D'après cette lettre, les assiégés auraient eu
près de quatre mille hommes sous les armes,
mais c'est une exagération; car Jean Molinet,

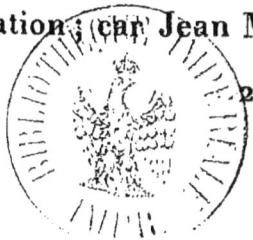

à qui l'on doit un récit curieux et détaillé de la prise d'Avesnes, dit que le nombre de ses défenseurs ne s'élevait pas au-delà de huit cents, et que sur ce nombre un quart seulement soutint presque tout le poids de la lutte. Louis s'était d'abord emparé de deux tours ; « mais les assiégés, dit Molinet, avaient garni icelles tours de secs fagots, pouldre de canon et autres matières combustibles, et tost emprins et allumés, tellement que lesdits francois en furent déboutés ; l'un de leurs étendards y fut bruslé, ensemble assaillants estaints en fumée. Ils y perdirent de leurs francs archers, que eschaudés que bruslés, le nombre de huit à dix cents, dont plusieurs d'iceulx tresbuchèrent de mont à val les fossés. »

Louis XI se garde bien d'avouer cette fâcheuse circonstance et de dire qu'il fut repoussé deux fois. Il annonce au contraire que les principaux chefs de la garnison ayant tenté de s'évader par une poterne furent pris, tués ou rejetés dans la place ; mais ces chefs, dont il annonce si pompeusement la défaite, n'étaient autres que les seigneurs de Peruez, de Culembourg et de Gaches, et ces gentilshommes, loin de chercher à forcer le passage, avaient abandonné les habitans d'Avesnes pour se ranger sous les drapeaux français ; ils avaient paru dans le camp de Louis XI, non comme des ennemis, mais comme des transfuges qui venaient offrir leurs bras. Le roi de France s'était empressé de les accueillir ; mais en homme qui torturait sans cesse les faits

pour en tirer le plus de parti possible, il exagé-
rait cette fois encore la puissance de ses armes,
et se faisait un trophée d'une lâche désertion.

La trahison des sieurs de Peruez, de Culembourg et autres porta le découragement dans
l'ame des assiégés, et bientôt leur ville fut
réduite. « Ouvrez-nous vos portes, criaient-les
assaillants aux Bourguignons; vos capitaines
ont fait vostre appoinctement; ils sont en nos
tentes; par quoi se ne les ouvrez par amour,
vous les ouvrirez par force. » A ces paroles le
petit nombre de ceux qui combattaient encore
mirent bas les armes et les français pénétrèrent
dans Avesnes. « J'ai fait araser cette ville pour
donner exemple aux autres, dit le roi dans sa
lettre; mais ce qu'il peint ici comme un acte
de justice n'était qu'un acte de froide barbarie,
et il aurait dû dire: j'ai donné l'ordre à mes
soldats d'égorger des prisonniers qui avaient
déposé leurs armes; j'ai fait assommer à coups
de maillet de plomb des enfans au berceau; j'ai
souffert qu'une soldatesque effrénée arrachât
d'autres enfants des bras de leurs mères et les
destranchât à coups d'épée croyant trouver de l'or
sous leurs langes; j'ai fait piller, brûler Avesnes,
massacrer tous ses habitants, et pour prouver
qu'elle est à moi j'ai laissé huit maisons et un couvent debout au milieu des ses murailles. » (1)

(1) Voir *les chroniques de Jean Molinet*, tom. 2 p. 43, collection
de Buchon.

Pendant que l'inexorable monarque poursuivait ses conquêtes vers le nord, Jean II, prince d'Orange, qu'il avait mis à la tête de ses troupes en Bourgogne, abandonnait sa cause pour embrasser le parti de Maximilien d'Autriche, et surprenait la ville de Gy (Haute Saône). Le roi chargea Georges de la Trémouille, sire de Craon, de reconquérir cette place, et envoya peu de temps après le bulletin suivant :

Tres chiers et bien amez. presentement nous sont venues nouvelles certaines de nostre cher et feal cousin conseiller et premier chambellan le comte de Lincy. seigneur de Craon. et autres nos chefz de guerre estans en nostre pays de Bourgogne comme le dimenche xvᵉ. jour de ce present moys. ilz saichans que le prince d'Orenges ayant avec lui de troys à ɪɪɪɪ ᵐ combatans, sestoit mis dedans la ville de Gy. qui est une grande et puissante ville (1) assise dedans la conte de Bourgógne. allerent avec leurs gens assieger la dite ville de Gy. ou ilz tindrent le siege le dit jour de dimenche et le lundy ensuivant. et le mardy furent advertis que le sire de Chasteauguyon et autres cappitaines et chefz de guerre venoient atout grande puissance de Bourguignons et d'Allemans pour lever le dit siege. Et ainsi que ceulx de la dite ville sentirent leur secours ils firent saillir une bonne puissance pour escarmoucher avec ceulx dudit siege actendans que leur secours veinst frapper au dos de noz gens. mais si tost que ledit sire de Craon sceut leur venue. il fist monter a

(1) Ce n'était qu'une bicoque et ce n'est encore aujourd'hui qu'un bourg de deux mille neuf cents habitants.

cheval plusieurs des cappitaines et gens de notre grant
ordonnance. et autres en bon et grant nombre et
laissa le siege bien garny et alla au devant desdits
Bourguignons et Allemans et si tost qu'il les rencontra
il donna dedans et à l'aide de Dieu et de nostre Dame
les desconfist et est mort en la place bien grant nombre
de gens dont encores n'avons la certaincte pour ce que
ceulx qui nous en ont apporte les nouvelles partirent
incontinent. mais du mains y a plus de IIII^m hommes
mors. et y a este prins ledit sire de Chasteauguyon et
autres seigneurs et cappitaines. Et apres la dite desconfiture noz gens donnerent la chasse en laquelle en
a este beaucop tue. Et le lendemain bien matin. ladite
ville de Gy et tous ceulx qui estoient dedans se ren-
dirent a voulente. Mais pendant ladite bataille le dit
prince d'Orenges sen fouyt. Si vous advertissons de ces
choses pour ce que savons veritablement que desirez
savoir de noz bonnes nouvelles. Et affin que de vostre
part en rendez graces et louenges a Dieu nostre Crea-
teur et a la tres glorieuse Vierge Marie. ainsy que
faire devez. Et des autres choses qui surviendront vous
advertirons tres voulentiers. Donne a Saint-Quentin le
XXIIe. jour de juing. (1477) »

Louis ne dit pas que la victoire fut long-temps
disputée; que le prince d'Orange vint attaquer
Craon sur ses derrières pendant que Chateauguyon l'attaquait de front (1), et que son
armée ne parvint à repousser les Bourguignons
et les Allemands qu'après avoir éprouvé de

---

(1) Voy. JEAN DE SERRES, le véritable inventaire de l'histoire
de France, tom. 1er. p. 421. in-f°.

grandes pertes : celle des ennemis ne s'élevait qu'à mille cinq cents hommes ; mais il est vrai que Chateauguyon fut fait prisonnier et que la ville de Gy capitula.

A la même époque, les Gantois révoltés pressaient Marie de Bourgogne d'épouser le duc titulaire de Gueldres, Adolphe de Nassau, l'un des plus odieux scélérats que l'histoire ait mentionnés. Voulant lui donner un peu de gloire afin de pallier ses crimes, et d'atténuer ainsi l'horreur qu'il inspirait à leur jeune souveraine, les insurgés le mirent à la tête d'un corps de douze à quinze mille hommes qui devait agir contre les français. Adolphe dirigea ses premiers coups contre la ville de Tournai qu'Olivier le Dain, barbier de Louis XI, venait de saisir tout récemment au nom de ce prince, et dont la garnison composée de troupes d'élite, portait le ravage dans les états de Marie. — Laissons maintenant parler le roi.

Tres chiers et bien amez. vendredi dernier le duc de Gueldres avec dix ou douze mille flamens partit du Pont des Pierres pour venir mettre le feu dedans les faulxbourgs de Tournay. Et incontinent le sire de Moy le Beauvoysien et Francoys de la Sauvagiere qui estoient dedans. sortirent dehors et les chasserent jusques a ung passaige. pres du dit Pont des Pierres la ou le dit duc de Gueldres demoura derriere avec une bande de gens. pour faire passer les autres. et incontinent qu'ilz furent passez Francoys de la Sauvagiere chargea sur eulx et de belle arrivee le dit duc de

Gueldres fut abatu (1) et porte mors. dedans ladite ville de Tournay et demoura sur le champ bien deux cens flamens et le sourplus habandonnerent ledit Pont des Pierres. et deux jours apres ilz y vouldrent revenir loger et nos geus qui estoieut dedans Tournay en furent advertiz et advint si bien que je y avoie envoye Messire Philippe Pot. et le bailly de Nyutruoys et leur avoie baille deux cens lances c'est assavoir les gens de l'admiral et Messire Morice de Mene qui sy trouverent a leure que les autres monterent a cheval et partirent tous ensemble et tellement que Dieu mercy nostre Dame et Monsieur Sainct Martin. il est demoure sur le champ bien de sept a huit mille flamens et de huit cens à mille prisonniers. huit cens chariotz ou estoient toutes leurs bagues et artillerie. et plus de quarante enseignes. Et ont este chassez jusques au dela de Oudenarde. et de Bruges. Et en eulx retournant ilz ont tout brule. et pour ce que nous croyons fermement

---

(1) Un autre duc de ce nom que nous croyons être Charles, fils d'Adolphe, était en 1494, prisonnier dans le château de Ponthieu, comme on le voit par le compte suivant : « A Pierre Lambert Cœutillier, et autres..... La somme de quatorze livres douze solz six deniers a eulx payee pour les causes et parties qui s'enssuivent. Cest assavoir audit Lambert pour le vente de ung lyt et ung traversin plains de plumes bailles et delivres avec autres lys en obtemperant aux lettres rescriptes par mons^r. le mareschal Desquerdes pour couchier les gardes et serviteurs de moudit sieur le duc de Ghueldres envoye par moudit sieur le mareschal au Chastel de ceste ville la ou il a este prisonnier l'espace de deux ans ou environ. Ledit lit et traversin achetez la somme de c iiii solz.... pour une paire de lincheulx (draps) c solz.... pour trois couvertures de lit lxiiii solz.... a Jehan de Maisons pour le louage d'un grand lit et le traversin la ou couchoit mondit sieur le duc la somme lxviij solz... pour ung grant et ung petit couvertoir achetez avec ung loudier (couverture de toile garnie d'etoupes) la somme de lxviij solz etc. (*Comptes des argentiers de la ville* année 1494). Nous ignorons pour quel motif ce duc de Gueldres était détenu.

que vous estes joyeulx quant les faitz et affaires de nous et de nostre royaume se portent bien. et que la puissance de noz ennemys se diminue. comme noz bons vrays et loyaulx subjectz vous faisons assavoir toutes ces choses afin que de vostre part vous en rendez graces à Dieu et a la glorieuse Vierge Marie sa mere. Donne a Arras le ii°. jour de juillet. (1477)

Il disait vrai ; le duc de Gueldres était mort, les français avaient battu l'ennemi ; mais leur succès avait été facile contre une multitude de bourgeois indisciplinés, divisés entre eux et peu faits au métier des armes. Malgré tous les efforts d'Adolphe de Nassau, ils lâchèrent pied avec tant de précipitation, dit Molinet, qu'ils firent la nuit, après le combat, autant de chemin qu'ils en avaient fait en trois jours pour venir jusqu'au champ de bataille. Louis XI affirme que les flamands ont perdu huit cents hommes le vendredi, et de sept à huit mille le lundi suivant, et qu'on leur a fait de huit cents à mille prisonniers ; mais l'artificieux monarque exagère. Ses adversaires n'eurent que onze à douze cents tués, selon Molinet, et deux mille au plus selon les autres historiens que nous avons consultés. Le premier porte le nombre de leurs prisonniers à quatorze cents ; on lit ailleurs sept à huit cents. On leur aurait enlevé, d'après la lettre de Louis XI, huit cents chariots avec quarante enseignes ; nous ne saurions garantir l'exactitude de ce fait ; mais le butin dut être considérable puisqu'on les poursuivit de si près le premier jour que toutes leurs subsistances et tous leurs bagages tombèrent au pouvoir des vainqueurs. Après la seconde affaire, « leur camp, dit Molinet, demeura du tout despouillé de serpentines, de bannières, de vivres et de toutes ustenciles de guerre. » (1)

Un mois après, nouvelles victoires, nouveau bulletin.

Chiers et bien amez. depuis la desconfiture des flamans au Pont des Pierres et la mort du duc de Gueldres nous sommes partiz d'Arras avecques nostre armee pour aller combattre aucuns des susdits flamands qui estoient logez au Neuf Fousse bien de xxviii a xxx mille. et ainsy que nous chevauchions le long de la riviere d'Aliz a ung villaige nomme La Yrigne rencontrasmes les dits flamands en nombre plus de viii a x mille et furent desconfiz et perdirent la bataille et y en demoura sur le champ plus de iv mille et tout le demourant en fuyte. Et pour ce que desirions sur toutes choses les trouver sur les champs vinsmes loger autour de ceste ville de Therouenne pour les aller assaillir audit Neuf Fousse qu'ilz avoient fortiffie plus de demy an. mais la nuyt ilz l'abandonnerent et ont este chassez tirant plus de dix lieues dedans le pays de Flandres et se sont retirez au Mont de Cassel. et aujourd'hui ainsy que nostre avant garde marchoit pour eulx aler loger au dit Mont de Cassel les ont rencontrez en belle bataille rangee et ont donne dedans. et tellement cest (sic) porte la chose qu'ilz ont este desconfiz et tuez plus de iv mille et ont este chassez plus de six lieues et ont perdu le Mont de

---

(1) Tom. 2, p. 70.

Cassel. Et pour ce que savons que sur toutes choses desirez savoir de noz bonnes nouvelles comme noz bons vrays et loyaulx subgects nous vous avons bien vonlu advertir des choses dessus dites vous priant que en veullez faire remercier Dieu nostre Dame et monsieur Saint-Martin par les églises de vostre ville par processions et ainsi que vous verrez pour le mieulx. Et tousiours vous advertirons de ce qu'il surviendra. Donne a Therouenne le xiiie jour d'aoust. Loys.

Tels furent, suivant Louis XI, les résultats de l'attaque du Neuf Fossé (1) et du combat qui la suivit ; mais cette fois comme toujours, il double au moins la perte de ses adversaires, qui, d'après Belleforest et autres, ne laissèrent sur le champ de bataille, dans la première journée, que deux mille hommes environ, *pour engraisser le terrain*, et le même nombre à peu près dans la dernière rencontre.

Quoi qu'il en soit, le succès de Louis XI ne peut pas être mis en doute, et Molinet le confirme pleinement. « Fortune, dit-il, pour ce temps fut aux flamans dure marastre, non pas au Pont des Pierres seulement, mais au Neuf Fossé et plusieurs frontières ès quelles jà soit-ce que curieuse garde et diligente veille fust mise du parti de mademoiselle, toutes fois françois pénétrèrent la coste, la dommagèrent en plusieurs façons ; bruslèrent la vallée de Casselle et

(1) Et non pas le *Blanc Fossé* comme l'ont écrit Jean de Serres, Belleforest, Baudot de Juilly et autres.

pillèrent les gros villaiges, et leurs avant-cou-
reurs boutèrent le feu jusques à quatre lieues
près de Gand. » (tom. 2, p. 71.)

Écoutons maintenant Louis XI solliciter pour
les minimes afin de calmer quelque remords,
d'expier peut-être une nouvelle perfidie et d'a-
voir part à leur prières.

Chers et bien amez nous avons este advertiz du bon
recueil et recepcion que en faveur de nous avez fait a
nos chers et bien amez les chappelains et orateurs les
religieulx de l'ordre des freres Mynimes duquel
sommes fondateurs patron et protecteur de leur privi-
leges a eulx donnez par le saint siege apostolicque et
de la bonne recommandacion et affection que avez
envers eulx de quoy vous savons tres bon gre car en
ce faisant vous nous avez fait singulier plaisir et service
car nous desirons laugmentacion du dit ordre pour la
bonne et exemplaire vie et austerite qu'ilz tiennent. a
ceste cause vous prions bien affectueusement que pour
amour de nous et en regard a leur reguliere observance
vueillez continuer et les avoir tousiours pour recom-
mandez et mesmement en la distribucion et aumosne
des byeres comme faictes et distribuez chacun an aux
autres couvens et religions mendians de nostre dite
ville. et en ce faisant vous nous ferez chose tres agrea-
ble que recongnoistrons quant daucune chose nous
requerrez soit en general pour les affaires de nostre
dite ville ou particulierement ainsi que avons fait dire
au maieur dicelle nostre dite ville. Donne aux Montilz
les Tours le XXI jour de mai. (1).   Loys.

---

(1) Cette lettre a déjà été imprimée dans l'*Histoire du Comté de
Ponthieu*, tom 2, p. 48, mais d'une manière incorrecte.

Louis XI étant mort en 1483, la lettre qu'on vient de lire prouve qu'il y avait à Abbeville des religieux minimes long-temps avant que le corps municipal eut prononcé sur leur établissement (3 juillet 1499), et que leur fondateur, André de Rambures, eut fait poser la première pierre de leur couvent (1). Mais ce n'était pas seulement de la bière que l'échevinage distribuait aux Minimes et à la plupart des autres communautés; on leur donnait encore, tantôt de la chaux pour réparer leurs bâtimens, tantôt du blé, tantôt du vin ; une autre fois de la toile, du drap, des harengs pour passer le carême, des chaussures, de l'argent etc. Ces aumônes se faisaient antérieurement à la lueur des torches, la nuit de la Toussaint sur les plombs de l'échevinage (2) aux plus pauvres habitans de la ville; mais les religieux et les religieuses, qui se regardaient, à ce qu'il paraît, comme plus pauvres encore, lorsqu'ils s'établirent dans nos murs, sollicitèrent pour eux-mêmes les différens objets qu'on distribuait aux indigens, et continuèrent de recevoir chaque année, la veille de la Toussaint, soit quelques setiers de blé, soit quelques aunes de drap. (Voy. les *Registres aux délibérations de la ville* du xvie siècle et de l'année 1644.)

---

(1) *Histoire Ecclésiastique d'Abbeville* du P. Ignace.
(2) Voy. *Histoire ancienne et moderne d'Abbeville*, p. 322.

La lettre suivante prouve bien que lorsque Louis XI accordait quelque faveur, c'était toujours à condition d'en tirer du profit.

Chers et bien amez. Nous avons receu les lettres que envoyees nous avez pour Guillaume Bournel et Jehan Laudee voz bourgoys. Et sceu la creance dont ilz avoient charge de par vous qui est en effet a ce que voulsissions permettre les nobles et gens de guerre demourans en nostre ville d'Abbeville qui ont accoustume suivre les armes. laisser demourer et resider en nostre dite ville pour la garde deffense et tuicion dicelle. Et combien que besoing nous soit d'assembler les nobles de nostre royaume. pour resister aux entreprinses d'aucuns nos rebelles et desobeissans ainsy que assez povez savoir. Toutefois oy les remontrances que nous ont faictes vos dits bourgois et a ce que soiez plus enclins a entretenir nostre dite ville et les habitans en icelle en bonne et vraye obeissance envers nous come tousiours avez fait nous avons este et sommes contens de vous octroier la dite requeste qui par eulx nous a este faicte de par vous parmy ce toute fois que vous envoyerez. en nostre ville de Saint-Riquier qui est prochaine et a deux lieues de nostre dite ville d'Abbeville et laquelle se elle estoit en autre obeissance seroit grant dommage pour nous et pour vous cinquante gens de guerre pour la garde et deffense d'icelle paies pour ung mois de noz deniers et de vos souldes. et si le veuillez ainsy faire. Et gardez que en ce nait faulte. Donne a Mente le xxviiᵉ jour d'aoust.   Loys.

On sait que le dauphin, qui fut depuis Charles VIII, avait été fiancé à Marguerite, fille de Maximilien, duc d'Autriche, et que cette princesse, élevée en France, y portait le titre de

Madame la dauphine en attendant que son âge permít d'accomplir le mariage (1). Ses fiançailles allaient être célébrées lorsque Louis XI, qui touchait alors au terme de sa carrière, et qui cependant s'attachait encore à gagner les bourgeois pour continuer de lutter contre les grands vassaux, écrivit aux échevins d'Abbeville pour les informer de rechef qu'il a conclu et accordé le susdit mariage ; que l'on conduit Marguerite à Paris, où l'alliance doit avoir lieu, et qu'il y aurait envoyé son fils ; mais que les grandes chaleurs et les dangers de l'épidémie régnante l'ont déterminé à faire venir la jeune princesse à Amboise où il espère qu'elle sera dans quinze jours, et que c'est dans cette ville que le mariage sera célébré.

Si voulons et vous mandons bien expressement que incontinent vous eslisez deulx notables personnages d'entre vous et qu'ilz viennent en toute diligence en nostre dite ville d'Amboise pour estre presens a la sollemnisation du dit mariage et oyr ce que leur ferons dire de par nous. et gardez qu'il n'y ait faulte. Donne aux Motilz (autrement dit le Plessis) les Tours le second jour de juing.

On n'avait pas mis, à ce qu'il paraît, assez d'empressement à céder à ses vœux, et il fit partir par un

---

(1) Elle était née le 10 février 1479, et n'avait encore que 4 ans et demi environ.

de ses courriers, une nouvelle lettre ainsi conçue :

« Chers et bien amez naguères par nos autres lettres et pour les causes contenues en icelles nous vous avons escript que eslisissiez deux notables personnages d'entre vous pour venir a nostre ville d'Amboise a la sollemnisation du mariage de nostre tres cher et tres ame filz le daulphin de Viennoys et de nostre tres chere et tres amee fille et cousine Marguerite fille de nostre tres cher et tres ame frere et cousin le duc d'Aultriche et pour ce que nostre dite fille sera de brief audit lieu d'Amboise et que desirons que vous et autres que avons pour ceste cause mandez soiez à sa reception nous voulons et vous mandons bien expressement que incontinent vous faites haster de partir ceulx qui auroient este par vous esleuz et qu'ilz viengnent audit lieu d'Amboise en la plus grant diligence qu'ilz pourront. Et gardez que il ny ait faulte. Donne aux Montilz les Tours le x⁰. jour juing.

Il y avait long-temps que Louis XI, naturellement ami des gens de moyen état, comme dit Comines, correspondait avec les Abbevillois et qu'il les cajolait.

Placée sur la frontière où se débattaient de grands intérêts, la capitale du Ponthieu avait reçu plusieurs fois le monarque dans ses murs, et toutes les fois ses habitans, qui le redoutaient, l'avaient gracieusement accueilli. En 1463, le 27 septembre, Louis vint à Abbeville traiter du rachat des villes de la Somme (1). Peu de

(1) Voy. L'Histoire d'Abbeville, pag. 244.

temps après il y fit assembler les trois états des villes rachetées dans l'hôtel de Barbafust (1). Le 19 octobre suivant les argentiers payèrent aux *compagnons Saudas* de la ville x solz parisis « pour aller boire ensemble, disent ces agents comptables, après qu'ils furent retournez de la la porte Marcadé où ils avaient porté chacun une torche allumée au devant du roi qui revenoit le même jour au Vespre de le chasse. » Abbeville revit encore Louis XI au mois de novembre de la même année, et il y arriva une troisième fois, le 10 juillet 1464, avec la reine et Louis de Piémont, roi de Chypre, de Jérusalem et d'Armenie. Peu de jours auparavant (le 26 juin) la reine y avait fait sa première entrée. Elle allait à Nouvion où se trouvait le roi, et le corps municipal lui fit présent d'une pipe de vin de Beaune et de deux grands bassins d'argent du poids de 17 marcs 3 onces, qu'on avait été acheter à Anvers.

Le 11 octobre suivant, Louis XI, qui avait fait de notre ville un des foyers de ses intrigues, fit appeler le maire et les échevins, *en sa chambre*, chez maître Jean Postel, conseiller de la ville, où il était logé, afin de leur annoncer avant de partir « la prinse et retenue faite du bastard de Rubempré et d'autres au pays de

(1) Situé entre la rue de ce nom, improprement nommée aujourd'hui *Barbafeu*, et la grande rue Notre Dame de Chastel.

Hollande par les gens et officiers de M. de Charolois, en remonstrant au dit mayeur que toujours il voulsit lui et la dite ville tousiours tenir
bons subjez, comme il avoit parfaite fiance,
aveucq plusieurs autres remontrances et adver-
tissements pour le bien de la dite ville. » (*Comptes des argentiers*, année 1464).

On sait que Rubempré s'était rendu en Hollande pour enlever le comte de Charolais, et que
Louis se montra fort irrité du bruit qu'on avait
fait courir qu'il eût songé à s'emparer de ce
prince. Avant de quitter la ville il déclara sans
doute à l'assemblée qu'il était indigné des pro-
pos tenus contre lui ; mais nous ignorons si elle
se retira convaincue de son innocence. Elle put
connaître ses projets, car Rubempré, dont le
frère était gouverneur du Crotoy, était parti de
ce port pour Gorcum sur un bâtiment monté
par des pêcheurs d'Abbeville (1).

L'aménité que Louis XI mettait dans ses rap-
ports avec les habitans de notre ville se retrouve
encore dans la lettre suivante.

Chers et bien amez nous avons receu les lettres que
escriptes nous avez, et par icelles veu comment avez
oy ce que nostre ame et feal chancelier vous avoit
dit et remoustre de par nous et aussi sceu tant par ce
que nous a escript nostre dit chancellier que par vos

---

(1) J. Duclercq, *Liv.* V, *Chap.* XII *et* XIV.

dites lettres la doulce honneste et bonne response qu'avez faicte et que estes deliberez de vivre et mourir en bonne loyaulte subjection et obeissance envers nous. dont et de vostre bon vouloir et affection suimes de vous tres contens et vous en mercions et vous prions que en vostre bon........ et vouloir veuillez tousiours perseverer de bien en mieulx ainsi que..... (1) en avons nostre parfaicte confiance. Au seurplus nous avons mande a nos cousins le conte de Nevers (2) nostre lieutenant es marches de par dela. le conte d'Eu (3) et nostre chancellier qu'ils se joignent ensemble, et en-sembleement pourvoient a la garde et surete et des-fense du pays. et aux affaires qui y surviendront et s'aucune chose vous seurvient vous vous pourrez tirer

---

(1) Lacune.

(2) Jean d'Étampes, comte de Nevers et de Réthel, avait été nommé, en 1465, lieutenant-général en Picardie, à cause de la haine que le comte de Charolais nourrissait contre lui.

(3) Nous trouvons dans les archives de la mairie une lettre de Charles d'Artois, comte d'Eu, dont il est ici question, et comme elle fait connaître la part que les abbevillois prenaient aux opéra-tions militaires de ce temps nous croyons devoir la publier.

« Tres chiers et bons amis. Par l'ordonnance de monseigneur le roy venons au Neufchastel pour le redduire en sa bonne obeissance; et pour ce vous prions que le plus hastivement que pourrez nous vueillez envoyer des arbalestriers et des gens de tret et de guerre le plus largement que pourrez avec vivres et toutes manieres de charpentiers, machons, pionniers et autres manouvriers; et que en ce ne vueillez faillir si cher que aurez le bien du roy et le vostre. Nostre seigneur soit garde de vous. Escript a...... le VII.e jour de septembre.   Charles.

Charles d'Artois, comte d'Eu, fut le seul des princes du sang qui ne conspira jamais contre Louis XI. C'était le descendant, à la sixième génération, de Robert d'Artois, frère de Saint-Louis. Il mourut en 1471, dans un âge très avancé; et comme il ne lais-sait point d'enfans, le roi se mit en possession de ses domaines.

devers eulx. Et tousiours nous faictes savoir des nouvelles qui surviendront. Et soyez certains que nous
vous aurons en nostre especial recommandacion. Donne
a Saumur le xvie jour d'avril.   Loys.

Plusieurs copies des lettres qu'on vient de
lire existent encore peut-être dans les archives
de quelques villes; mais elles doivent être en bien
petit nombre, car il n'eût pas été possible d'a-
dresser partout et si promptement de semblables
circulaires, à défaut de presse pour les multi-
plier suffisamment. Louis XI, malgré son éton-
nante activité, n'écrivait sans doute, en beaucoup
d'occasions, qu'aux magistrats des villes les
plus importantes, et la nôtre, par sa position
géographique et politique, est une de celles
avec lesquelles il a dû correspondre le plus. Il y
a lieu de croire d'ailleurs que la plupart de ses
lettres sont perdues ou ensevelies sous une
épaisse poussière; et quand de toutes parts on
cherche à reconstruire le passé, quand on amasse
tant de matériaux pour achever l'œuvre, nous
avons cru qu'il pourrait être intéressant de publier ces lettres d'un de nos rois les plus re-
marquables, puisque plusieurs histoires de
France, bien que très volumineuses, gardent
le silence sur divers évènements qui s'y trouvent
annoncés; que les autres les altèrent ou ne font
que les indiquer sans nous fournir aucun dé-
tail. Mais quand les circulaires de Louis n'ap-
prendraient rien, ce que nous ne pensons pas,

les lettres particulières qu'il écrivit aux Abbevillois, et qui très certainement sont inédites,
feraient connaître encore plus d'un fait ignoré,
plus d'un trait pour le peindre.

F. C. LOUANDRE.

www.ingramcontent.com/pod-product-compliance
Lightning Source LLC
LaVergne TN
LVHW022036080426
835513LV00009B/1073